LE

TRAITÉ DE VILLAFRANCA

AVIS

Ce dialogue sur le traité de Villafranca est extrait de la nouvelle édition de l'ouvrage intitulé *le Panlatinisme*, etc. Quelques amis nous ayant manifesté le désir de le posséder séparément, nous avons cru devoir obtempérer à leur demande.

Nous avions ébauché un dialogue du même genre sur l'expédition du Mexique; mais en présence du refus de l'Angleterre de ratifier le traité conclu par son représentant, il nous a semblé que ce qui a été fait par le nôtre était suffisamment justifié. Nous avons alors cru notre dialogue superflu, et l'avons laissé à l'état d'ébauche.

Si nous avons bien compris le but de l'expédition du Mexique, Français et Mexicains devraient la bénir.

· *Nota.* Malheureusement, depuis que ces lignes sur le traité de Villafranca sont écrites, Garibaldi a jeté le trouble dans l'Italie, et cherche à détruire ce qui a été fait avec tant de peine et de patience.

En voyant ce que fait aujourd'hui Garibaldi, on a peine à concevoir que l'esprit humain puisse être sujet à de pareilles déviations.

On ne peut payer d'une plus noire ingratitude la générosité avec laquelle la France a versé son sang, son or et son argent. Garibaldi a terni sa gloire, et une pareille conduite ne peut inspirer que la plus vive désapprobation.

Dernier avis. — Au moment où on nous apporte de l'imprimerie l'épreuve de ces neuf dernière lignes, nous apprenons la prise de Garibaldi. Nous maintenons néanmoins nos impressions telles qu'elles se sont produites, et sans en rien retrancher. Nous ajouterons seulement que ce qui pourrait maintenant arriver de plus heureux, ce serait qu'après avoir obtenu de Garibaldi sa parole d'honneur de ne plus rien entreprendre sans son assentiment, le roi Victor-Emmanuel lui tendit la main et lui rendit la liberté. Garibaldi n'est pas seul coupable; car la presse en général, en demandant constamment, à satiété et d'une manière fatigante, la solution de la question romaine, qui ne pourra venir qu'en son temps et à son heure, a le tort de l'avoir poussé, ainsi que ses volontaires, à commettre l'acte d'ingratitude et de témérité dont ils sont aujourd'hui les victimes.

PARIS. — IMPRIMERIE DE J. CLAYE, RUE SAINT-BENOIT, 7.

LE TRAITÉ

DE

VILLAFRANCA

VÉRITABLE

CHEF-D'ŒUVRE D'HABILÈTE POLITIQUE

SUIVI D'UNE

RÉPONSE A UN HONGROIS

PAR

P. VALLERANGE

TIRÉ DE L'OUVRAGE INTITULÉ « *LE PANLATINISME.* »

PARIS

L. PASSARD, LIBRAIRE-ÉDITEUR

7, RUE DES GRANDS-AUGUSTINS

1863

UN MOT

SUR LE

TRAITÉ DE VILLAFRANCA

Il n'existe peut-être pas au monde d'acte qui ait été et soit encore aussi critiqué que ce chef-d'œuvre d'habileté politique qu'on nomme :

LE TRAITÉ DE VILLAFRANCA.

Si, sans nous préoccuper de la pensée qui l'a dicté, nous le jugeons seulement d'après ses effets, nous devons reconnaître que si ceux qui se plaisent à le critiquer se doutaient de quelle disette de jugement ils font preuve en agissant ainsi, ils se le reprocheraient à eux-mêmes. Lorsqu'on réfléchit que ce sont précisément ceux-là mêmes qui, d'après les immenses résultats de ce traité, devraient en être les plus grands admirateurs et ne pas tarir d'éloges à son sujet qui en sont les adversaires les plus déclarés, on gémit de pitié de leur aveuglement.

S'autorisant de ce que, lors de l'envahissement du Piémont par l'Autriche et au moment où la guerre a été décidée, l'Empereur a dit : IL FAUT QUE L'ITALIE SOIT LIBRE DEPUIS LES ALPES JUSQU'À L'ADRIATIQUE, il s'ensuit qu'à leurs yeux il fallait absolument et sans examen continuer la guerre.

Pour ces esprits forts qui oublient qu'à de nouvelles affaires il faut de nouveaux conseils, aucun événement, de quelque nature qu'il soit, ne peut et ne doit venir modifier une première détermination [1].

---

1. L'Empereur Napoléon Ier a dit à Sainte-Hélène quelque chose de ce genre: « On m'a souvent demandé ce que je voulais faire, quel était mon but ; je n'ai

Pour répondre aux critiques de ces beaux esprits, nous placerons sous les yeux de nos lecteurs le dialogue suivant :

La scène se passe entre un admirateur et un détracteur du traité. C'est l'admirateur qui prend la parole.

— Le traité de Villafranca n'est pas de votre goût, ditez-vous ; mais pourriez-vous me dire combien le Piémont avait de population avant la campagne d'Italie ?

— Quatre millions environ.

— Combien en aurait-il eu, si on lui avait adjoint les Italiens alors sous la domination de l'Autriche ?

— Neuf millions, l'Autriche en ayant environ cinq millions avant la guerre.

— Combien en a-t-il maintenant ?

— Vingt millions environ. Mais ce n'est pas le traité de Villafranca qui a fait cela !

— Bah ! sans la non-intervention stipulée dedans, pensez-vous que l'Autriche eût laissé faire ?

— Vous avez raison ; il se pourrait, malgré ce que j'ai pu en penser, que ce résultat fût dû au traité.

— Dans quels rangs étaient les soldats lombards avant la guerre ?

— Dans les rangs autrichiens.

— Dans quels rangs les a placés le traité ?

— Dans les rangs piémontais.

— Au service de quelle puissance pensez-vous que les différentes armées italiennes eussent pu être tenues avant l'entrée en campagne ?

— Au service de l'Autriche.

— Dans quels rangs le traité a-t-il eu pour conséquence de les placer ?

— Dans les rangs piémontais, ou même mieux dans l'armée italienne.

— A quel chiffre s'élevait l'armée piémontaise au moment de l'entrée en campagne ?

— A soixante-dix mille hommes, y compris la réserve composée d'hommes mariés dont quelques-uns âgés de quarante ans.

— A quel chiffre s'élève-t-elle aujourd'hui ?

---

jamais pu répondre d'une manière précise, les événements changeaient si souvent que mes idées changeaient de même. »

Nous ajouterons : Prétendre qu'on ne doit pas revenir sur une première idée est un défaut de jugement tellement grand qu'il dépasse les limites de l'imagination ; c'est prétendre qu'un fils qui aurait formé le dessein de tuer son père ne devrait pas revenir sur sa première pensée, lors même qu'une résolution contraire s'emparerait de lui.

— A trois cent mille hommes environ ; demain elle pourra être portée à quatre cent mille et même au delà si besoin est.

— Pensez-vous qu'il serait plus avantageux de reprendre la guerre aujourd'hui avec un semblable auxiliaire qu'avec l'aide de l'armée piémontaise seulement ?

— Je commence à le supposer.

— Vous ne faites que commencer. C'est un peu tard, mais il vaut mieux tard que jamais ; nous allons maintenant tâcher de vous convaincre tout à fait à l'aide d'autres arguments. Passons aux finances. Dans quelle caisse tombaient celles de la Lombardie, toujours avant la guerre ?

— Dans celle de l'Autriche.

— Dans quelle caisse le traité de Villafranca a-t-il eu pour résultat de les faire tomber ?

— Dans celle du Piémont, devenu depuis le royaume d'Italie.

— Au service de quelle puissance pouvaient être mises celles des autres États italiens.

— Au service de l'Autriche.

— Dans quelle caisse sont-elles tombées par suite du traité ?

— Dans la caisse du royaume d'Italie.

— Diable ! voilà un traité qui, malgré les bonnes langues et tout ce qu'on en a dit, ne laisse pas que d'avoir fait d'admirables choses. Mais qu'ont coûté à la France après Solferino tous ces immenses résultats ?

— Mais rien ! que je sache, absolument rien ! qu'une simple signature apposée sur une feuille de papier ; je dirai plus, je dirai même que cette signature nous a valu la Savoie et Nice, c'est-à-dire notre nationalité et nos frontières naturelles complétées du côté des Alpes et, en outre, une chose qu'il ne faut pas oublier, un puissant allié là où nous n'avions que des adversaires déclarés. J'en suis tout étourdi. Je voudrais qu'on fît souvent des traités de Villafranca. Mais dites-moi à votre tour : que pensez-vous donc qui aurait pu arriver si la guerre eût continué.

— Il serait arrivé qu'ayant le Piémont pour seul allié, l'Angleterre étant alors opposée à l'unité de l'Italie, c'eût été notre armée et nos finances qui eussent, en quelque sorte seules, supporté tout le poids de la guerre ; il serait arrivé qu'après de grands sacrifices d'hommes et d'argent, les plus grandes difficultés et les plus pénibles efforts, la Vénétie conquise, nous eussions été moins, beaucoup moins avancés qu'après la signature de Villafranca, parce que, la Vénétie conquise, l'Autriche ne nous en aurait pas donné de titre de possession, sachant que, pour aller plus loin, il fallait l'attaquer dans ses possessions qui font partie de la Confédération germanique, et que celle-ci était alors obligée de venir à son secours ; que quarante millions d'Allemands se joignaient à elle ; que nous avions inévitablement la guerre sur le Rhin, et par conséquent tout le corps germanique composé de soixante-dix millions d'individus sur les bras ; enfin que nous avions deux guerres au lieu d'une, et que, comme l'a fort bien dit l'Empereur, l'Europe était en armes prête à nous disputer nos succès ou à aggraver nos revers.

— Rien n'est plus exact, je dois en convenir.

— Et si malheureusement nous avions succombé, la réaction relevait la tête en Italie et dans toute l'Europe ; le Piémont, au lieu de s'appeler le royaume d'Italie et d'avoir, comme il les a aujourd'hui, vingt millions d'habitants, était effacé de la carte ; peut-être eussions-nous vu pire encore, nos frontières envahies.

— Tout cela est d'une vérité frappante ; et dire que c'est seulement à l'instant que je commence à le reconnaître, les bras m'en tombent... Pourtant il me reste une observation à vous faire : pourquoi avoir dit alors qu'il fallait que l'Italie fût libre depuis les Alpes jusqu'à l'Adriatique, si ce programme ne devait pas être exécuté ?

— Pourquoi ? répondez d'abord à la question que je vais vous faire, et vous le saurez. Que pensez-vous que devrait faire un chasseur qui, au moment de prendre ses dispositions pour chasser une grive qui serait placée au delà d'un précipice qu'au risque de se casser le cou il faudrait néanmoins franchir pour l'atteindre, puis qui verrait soudainement surgir sous ses pas une compagnie de perdreaux dont il pourrait s'emparer sans coup férir et sans le moindre péril ni danger ?

— Je pense qu'il faudrait au moins momentanément ajourner la chasse à la grive pour donner tous ses soins et toute son attention à la compagnie de perdreaux.

— Eh bien ! supposez que la Vénétie soit la grive, le quadrilatère le précipice où on pouvait se casser le cou, la compagnie de perdreaux sera représentée par la Toscane, le Parmesan, le Plaisantin et le Modénais ; la couvée se sera même trouvée beaucoup plus belle qu'on aurait pu d'abord le supposer, car elle s'est étendue jusqu'aux extrémités sud du royaume de Naples et de la Sicile.

— Êtes-vous bien sûr que ce soit cette pensée qui ait guidé l'Empereur lors de la conclusion du traité de Villafranca ?

— Je ne suis pas le confident de l'Empereur, et par conséquent sûr de rien. Je viens de vous le dire, *à de nouvelles affaires, nouveaux conseils ;* l'Empereur, voyant la tournure que prenaient les événements, a pu revenir sur sa première détermination : *Si ton affaire ne réussit pas par la tête, prends-la par la queue,* disent avec raison les Chinois. Comprenez-vous maintenant ?

—Oui, mes yeux commencent à apercevoir la lumière, aveugle que j'étais ; mais cette malheureuse Vénétie, qui est là souffrante et abandonnée, quand sera-t-elle réunie au royaume d'Italie ?

— Abandonnée !... abandonnée !... Malheureux ! osez-vous bien blasphémer ainsi ? Vous ne savez donc pas lire dans les événements ni dans les écrits, et *sans compter* mille autres raisons ou mieux encore des raisons qui en valent mille autres, ce royaume d'Italie, aujourd'hui constitué et reconnu par la moitié de l'Europe, le comptez-vous pour rien ? n'est-ce pas maintenant qu'on peut dire avec raison : *Italia fara da se* [1] ? Puis cette fournaise qui s'allume à l'Orient, qui le chauffera demain à toute vapeur et sapera trois empires par la base, ne la voyez-vous donc pas non plus ?

—Une fournaise... trois empires... De quels trois empires voulez-vous donc parler ?

— Il y en a quatre en Europe, et la France, vous ne l'ignorez pas, se porte bien ; devinez maintenant.

— Ce serait donc...

— Oui, c'est cela même...

— Mais la fournaise, je ne la vois pas trop ; la Hongrie est tranquille, à moins que vous ne vouliez parler des incendies de Saint-Pétersbourg.

— Ne voyez-vous rien autre chose ? Tournez donc les yeux du côté du Monténégro, de l'Herzégovine et de la Serbie...

— Ce n'est rien, un point dans l'espace.

—.Vous ne savez donc pas qu'il ne faut qu'une étincelle pour allumer un grand incendie ? Attendez, vous verrez et jugerez ; prenez garde en vous pressant trop de vous tromper comme pour Villafranca.

— Mais enfin, revenons au royaume d'Italie. Vous ne m'avez toujours pas dit quand la Vénétie lui serait réunie.

— Vous vous inquiétez d'un cheveu : vous ne voyez donc pas que la Vénétie n'est rien, que la difficulté consiste à aller au-delà et gît dans le Tyrol italien, qui est le plus difficile à arracher ?

— Pourquoi cela ?

— Parce qu'il fait partie des possessions de l'Autriche comprises dans la Confédération germanique, et que, ainsi que je vous l'ai dit, si ces possessions étaient attaquées, toute l'Allemagne serait obligée de les défendre.

---

1. Italie fera de soi (d'elle-même).

— Mais enfin la Vénétie, le Tyrol italien et Rome dont nous n'avons pas encore parlé, quand viendront-ils ?

— Si la sagacité vous a oublié sur son testament, vous avez été richement doté par l'indiscrétion. Si on vous le demande, dites que vous n'en savez rien, ce sera un moyen de ne pas vous compromettre ; puis rappelez-vous, comme je le dis dans le courant de cette brochure, que le secret est l'âme des affaires, et que Métellus Pius faisant la guerre en Espagne et étant interrogé sur ce qu'il ferait le lendemain, répondit : « Si ma chemise le savait, je la brûlerais à l'instant. » Rappelez-vous encore que les Orientaux disent avec raison : « Les enfants disent ce qu'ils font, les vieillards ce qu'ils ont fait, et ceux qui ont perdu la raison et le sens commun ce qu'ils ont envie de faire. »

— Il me tarde beaucoup cependant, et je suis bien impatient de voir se compléter ce royaume d'Italie.

— Calmez-vous ; mettez votre impatience en réserve, et faites, au contraire, provision de patience ; d'autres que vous, ceux qui souffrent, sont bien plus impatients encore ; cependant ils attendent, laissent faire ceux qui ont si bien commencé, se consolent en disant que d'un seul coup on n'abat pas un chêne, et qu'avec du temps et de la patience on vient à bout des choses les plus difficiles.

L'AUTRICHE ET LE PANSLAVISME.

On lit dans *le Siècle* du 27 juin 1862 :

« La *Gazette du Danube* croit que l'insurrection serbe a éclaté prématurément, avant que les préparatifs fussent terminés. La feuille semi-officielle ajoute qu'aucune puissance ne souhaite une nouvelle crise en Orient, et que l'Autriche, quoique pleine de bienveillance pour les sujets chrétiens du Sultan, *combattra toujours le Panslavisme.* »   HAVAS-BULLIER

L'Autriche a bien des adversaires à combattre :

Le Panslavisme.	80,000,000
Le Panitalianisme, qui se confond dans le Panlatinisme, composé de	140,000,000
Le Pangermanisme.	42 ou 43,000,000
Le Panscandinavisme.	7,000,000
Le Magyarisme hongrois.	5,000,000
Total.	275,000,000

Pour combattre tant d'adversaires, voici les forces dont elle dispose :

1° Allemands qui veulent se détacher d'elle pour se réunir à l'Allemagne, parce que, ne se trouvant pas assez nombreux pour dénationaliser les autres populations autrichiennes, ils craignent au contraire d'être dénationalisés par celles-ci. . . 8,000,000

2° Italiens qui veulent se détacher d'elle pour se réunir à l'Italie. 3,000,000

3° Valaco-Roumains qui veulent se détacher d'elle pour se réunir à leurs frères moldo-valaques. . . . 2,500,000

4° Hongrois qui demandent leur indépendance. . 5,000,000

5° Slaves (Tchèques ou Bohêmes, Polonais, Ruthéniens, Slovaques, Carinthiens ou Slovènes, Croates, Slavons, Serbes, Dalmates, etc.), qui ont mis le Panslavisme en mouvement, et comptent le réaliser . . 16,500,000

Total. . . . 35,000,000

De sorte qu'on peut dire que dans tout l'empire d'Autriche, qui se compose d'environ 35 millions d'habitants, il n'y a que l'empereur et la famille impériale qui veuillent rester Autrichiens.

Il nous semble bien à craindre qu'une pareille arme n'éclate dans les mains de l'Autriche.

Nota. Pour de plus amples renseignements sur les événements considérables qui se préparent dans l'Orient européen, on peut consulter l'ouvrage intitulé *le Panlatinisme,* confédération Gallo-Latine et Celto-Gauloise, alliance fédérative de la France, la Belgique, l'Angleterre, l'Espagne, le Portugal, l'Italie et la Grèce, nouvelle édition, accompagnée de documents et renseignements nouveaux sur l'Italie, la Hongrie, la Roumanie, la Pologne, la Ruthénie, le Panslavisme, etc., par Prosper Vallerange, 1 vol. in-8°, 3 fr. 50 c.

La présente brochure est extraite de cet ouvrage.

On peut consulter encore une Lettre de M. Ubicini, insérée dans *le Siècle* des 16 et 17 août 1862, et en outre *la Presse* du 18. — La Lettre de M. Ubicini est accablante de vérité.

RÉPONSE A UNE LETTRE

ADRESSÉE PAR UN HONGROIS

AU JOURNAL *LE SIÈCLE*

ET INSÉRÉE

DANS LE NUMÉRO DE CE JOURNAL DU 21 JUIN 1862

———

Paris, 25 juin 1862.

Un Hongrois, M. Daniel Iranyi, dans une lettre insérée dans *le Siècle* du 21 courant, à propos d'une discussion sur la loi électorale hongroise de 1848, *porte le défi* au « *jurisconsulte le plus consommé de la Hongrie de trouver non-seulement dans les lois démocratiques de 1848, mais dans celles du moyen âge, une seule disposition établissant un privilége quelconque au profit des Magyars et au détriment des autres races.* »

Bien que nous ne soyons ni Hongrois ni jurisconsulte, nous pensons qu'un pareil défi ne doit pas rester sans réponse.

Nous ferons la nôtre aussi courte que possible. La voici.

Nous dirons : on lit dans l'*Histoire des révolutions de l'Autriche,* par Belleydier, 1853, t. Ier, page 33 de l'*Introduction,* article intitulé CONSTITUTION DE LA HONGRIE :

« Les droits et devoirs respectifs du roi et des États ont été « déterminés par la loi fondamentale établie dans les voies d'une « convention réciproque par la constitution du pays. *Une partie* « *de cette loi est écrite; l'autre partie repose sur des usages* « *et des coutumes.* »

Si au défi de M. Iranyi on répondait par un autre défi, celui de placer d'abord sous les yeux du public la constitution hongroise antérieure à 1848, avec les lois et règlements qui la complètent, il ne serait pas difficile de deviner lequel des défiés serait le plus embarrassé pour répondre ; mais cela n'est pas nécessaire pour le réfuter victorieusement.

Pages 49 et 50 de l'Introduction à l'ouvrage déjà cité, article intitulé : Droits de la nation, on lit :

« Font partie des États de la Hongrie tous les individus qui « ont le droit de siéger et de voter, soit en personne, soit par « délégation, à savoir : le haut clergé catholique, les archevêques « et évêques schismatiques, les barons et les magnats du royaume, « les membres de la noblesse inférieure, et les députés des villes « libres royales.

« Les États constituent la *nation*, terme générique qui *s'ap-* « *plique uniquement à la noblesse,* formant un corps dont tous « les membres sont égaux devant la loi. »

Comme on le voit, la nation désigne la *noblesse ;* mais de quoi se compose cette noblesse ? Élias Regnault nous l'apprend page 357 de son *Histoire des Principautés danubiennes,* dans laquelle il dit, à propos de la Transylvanie, qui aux yeux des Hongrois, qui la désignent sans cesse avec la qualification de sœur patrie, fait partie intégrante de la Hongrie :

« Le principe fondamental de la loi magyare est dans cet « axiome : « *Nobilitas hungarica est,* » c'est-à-dire *la noblesse* « *est hongroise, et elle l'applique aux Roumains du banat* « *de Temeswar comme à tous ceux des comitats hongrois,* « *tous confondus dans un servage commun.* »

En effet, en Hongrie comme en Transylvanie, les Roumains ou Valaques n'étaient, avant 1848, reconnus ni comme nation hongroise, ni comme nation roumaine ou valaque, *ils n'étaient rien,* ils étaient *parias* sur les terres de leurs pères dont les Hongrois les ont dépossédés. Ce que confirme du reste le passage suivant du même ouvrage :

« Si l'on considère les nations qui sont appelées aux comices, « la première est la nation hongroise, qui figure très-souvent dans « les lois sous le nom de « la noblesse, les nobles ; » la seconde, « est la nation sicule (les Szeklers[1]) ; la troisième, la nation « saxonne. Les autres, tant qu'elles sont, sont des nations tolé- « rées, *et elles ne jouissent d'aucun droit de suffrage dans* « *les comices.* »

Voilà comment, en Hongrie et en Transylvanie, les lois anté- rieures à 1848 ne contenaient aucune disposition établissant un privilége quelconque au profit de la race magyare et au détri- ment des autres races.

---

1. Les derniers descendants des Huns d'Attila.

Enfin, page 356 du même ouvrage, on lit encore :

« Lorsque la Transylvanie fut réunie à l'Autriche, les Rou-
« mains demandèrent à l'empereur des droits politiques analo-
« gues à ceux des trois autres nations. Ils rencontrèrent chez les
« Hongrois une opposition invincible. *Ces impérieux tyrans* se
« placèrent entre eux et la couronne, s'écriant hautement que
« l'organisation de la principauté serait renversée si l'on admet-
« tait la *plèbe vagabonde* au rang des nations[1]. »

« Il est vrai, ajoute M. Élias Regnault, que d'éminents services
« ou de grandes richesses acquises permettent aux Roumains de
« siéger à la diète; mais ils n'y sont admis qu'en perdant leur
« nationalité, et parce qu'ils sont censés devenus Hongrois : *Sunt*
« *inter toleratas etiam nationes, Valachos præsertim, qui*
« *omnium in Transylvania habitant numerosissimi, pauci*
« *saltem nobiles qui jure comitiorum gaudent; sed non quia*
« *tales, verum hi in gremio Hungaricæ nationis censentur.*
« C'est-à-dire : Ils sont tolérés comme les Valaques[2], qui sont
« les plus nombreux de tous dans la Transylvanie, et dont quel-
« ques-uns, sans doute nobles, jouissent du droit des comices,
« non parce qu'ils sont nobles, mais parce qu'ils sont censés faire
« partie de la nation hongroise (c'est-à-dire de la nation noble). »

Ainsi, il est donc bien démontré qu'en Hongrie comme en
Transylvanie la *plèbe vagabonde* des Roumains n'avait *aucun
droit* dans les comices, si ce n'est en perdant une nationalité
que la loi ne lui reconnaissait même pas.

M. Iranyi conteste également que la noblesse hongroise refuse
d'acquitter le péage du pont de Bude.

Nous savons bien que, lors de la construction de ce pont,
comme le dit M. Iranyi, la convention faite avec la compagnie
portait que la noblesse payerait le passage dessus comme les rotu-
riers; mais il ne suffit pas de faire des conventions et même des
lois, *il faut encore les exécuter :* il a bien été fait un *hatt
humaïoun* à Constantinople, mais il n'est exécuté par personne;
il s'agit maintenant de savoir si la convention faite pour le pont
de Bude-Pesth est plus heureuse.

Voici ce qu'on lit à ce sujet pages 31, 32, 33 de l'*Introduction à l'Histoire des révolutions de l'empire d'Autriche* de
Balleydier, déjà citée :

---

1. Malgré les répétitions nous sommes obligé, pour répondre à M. Iranyi, de
reproduire les quelques passages qui suivent, quoique déjà insérés dans les notes
L et EE du *Panlatinisme.*

2. Les Roumains étant les Valaques mêmes, il est difficile de comprendre comment ils peuvent être tolérés *comme les Valaques;* il doit y avoir ou erreur de
rédaction ou erreur de peuple.

« Dans ces derniers temps, les priviléges de la noblesse étaient
« considérables. . . . . Les charges pesaient
« uniquement sur la *misera plebs contribuens;* les abus de ces
« priviléges étaient portés si loin, que les *classes déshéritées*
« *pourvoyaient seules au péage du pont de Pesth,* l'un des prin-
« cipaux revenus de la ville. Le noble, le bourgeois, l'étranger
« même passablement vêtu, passaient librement le front haut sur
« ce pont; mais le pauvre ouvrier, le paysan, gagnant le pain de
« chaque jour à la sueur de son front, *étaient obligés de satis-*
« *faire à la loi, qui n'avait pour eux que de tyranniques*
« *exceptions.* . . . . »

Après avoir relaté une partie des impôts que payait le peuple
en Hongrie, l'auteur ajoute : « *l'ilote de Sparte était roi en*
« *comparaison de ce malheureux.* »

« Le gouvernement autrichien et le comte Zechinyi élevèrent
les premiers une voix généreuse pour mettre un terme à un état
de choses voisin de la barbarie. Leur réclamation devait servir à
l'opposition soi-disant libérale de prétexte pour provoquer des
troubles sérieux et même sanglants.

« La position exceptionnelle du noble, continue Balleydier, l'a
« rendu hautain, vindicatif et prompt à venger l'ombre même
« d'une offense : son inviolabilité est redoutable aux agents mêmes
« de la police des villes. »

Cette pensée est confirmée par un proverbe national des Hongrois ou Magyars mêmes, qui disent hautainement et orgueilleu-
sement : « *Crains d'offenser le Magyar,* » proverbe que nous
avons vu citer par l'un d'eux dans une lettre qui, si nous ne nous
trompons, a été insérée dans *le Siècle* il y a dix-huit mois ou
deux ans.

Ce n'est pas seulement à Pesth-Bude que la noblesse hongroise refusait encore, il y a moins de deux ans, le péage des
ponts. Voici ce qu'on lit dans *le Siècle* du 13 novembre 1860 :
« On écrit de Szolnok à *la Gazette de Pesth-Bude* que plusieurs
« nobles hongrois refusent de payer le péage des ponts, l'exemp-
« tion de ces droits ayant toujours figuré parmi les anciens privi-
« léges de la noblesse hongroise. *Les préposés du péage, pour*
« *s'indemniser, prélèvent le double sur les habitants,* et il règne
« par suite beaucoup de mécontentement dans le pays. »

Sans doute, il y a en Hongrie comme partout ailleurs, et
dans tous les rangs de la société, des âmes honnêtes, aux senti-
ments élevés, dont le cœur s'afflige devant de pareilles iniquités,
mais c'est l'exception. Nous voulons bien faire l'honneur à
M. Iranyi de le croire de ce nombre; l'ardeur même qu'il met à
défendre son pays de celles dont l'accuse la brochure de M. le

chevalier Debrauz de Saldapenna en serait en quelque sorte une preuve au besoin, mais il n'en est pas moins vrai que, pris en masse, les Hongrois ou Magyars sont, après les Turcs, *dont ils sont les frères de race,* les hommes les plus antilibéraux de l'Orient européen.

« Pages 103 et 104 d'une brochure intitulée : « *De la neutra-* « *lité de l'Autriche dans la guerre d'Orient,* » et attribuée au comte de Fiquelmont, ancien ministre d'Autriche, ancien ambassadeur d'Autriche à Paris, on lit : « Si la Hongrie a été démocra-- « tique en 1848, ç'a été *par accident;* ce pays est *aristocra-* « *tique,* et les éléments qui y dominent aujourd'hui se sont déjà « trouvés en contact avec le tsar, etc., etc. »

Nous terminons ici cette réponse déjà trop longue, mais que cependant il fallait développer pour réfuter, comme nous l'avons dit, victorieusement M. Iranyi. Nous n'en finirions pas s'il fallait rapporter toutes les tyrannies des Hongrois et leurs prétentions à la suprématie sur les autres races. Nous nous ferions fort de prouver que le dernier manifeste de Kossuth, tout libéral qu'il est en apparence, n'est qu'un retour, une réminiscence, un moyen détourné pour ressaisir cette suprématie; c'est un fait dont la preuve *existe* dans le manifeste même; il n'est pas nécessaire de la chercher ailleurs, et si Kossuth disait que telle n'a pas été sa pensée, nous lui répondrions que la rédaction du manifeste dit le contraire.

Nota. On peut consulter, sur les mauvais traitements que les Hongrois ont fait subir aux populations non magyares de la Hongrie, l'ouvrage intitulé « *le Panlatinisme* » mentionné page 7.

FIN.